ANNE ROGGE

Mein Natur Adventskalender

Ideen, Anleitungen und Rezepte aus der Natur

KOSMOS

Bald ist Weihnachten

Zeit zum Innehalten

ADVENTSZEIT, JEDEN TAG EIN TÜRCHEN ÖFFNEN – WER LIEBT DAS NICHT? IN DIESEM ADVENTSKALENDER VERBERGEN SICH JEDE MENGE IDEEN MIT MATERIALEN AUS DER NATUR.

ALLE JAHRE WIEDER

Jedes Jahr kommt Weihnachten wieder viel zu schnell. Lassen Sie sich nicht von den Vorbereitungen für das Fest stressen, sondern genießen Sie die Zeit der Vorfreude und des Wartens. Schauen Sie in die Natur: Sie hält inne, wird langsamer, ruht. Und trotzdem gibt es auch im kalten, verschneiten Winter draußen noch viel zu entdecken und zu sammeln: Rinden, Moose, Steine, immergrüne Pflanzen und Holz sind den ganzen Winter über zu finden. Einige Sommerpflanzen, wie das Silberblatt, verwandeln sich im Winter in filigrane Kunstwerke.

AUF ENTDECKUNGSTOUR

Tun Sie sich was Gutes, gehen Sie raus, machen Sie einen langen Winterspaziergang und entdecken Sie in aller Ruhe die Schätze der Natur auf ganz neue Weise. Bei manchen Pflanzen wissen Sie wahrscheinlich jetzt schon, wo Sie diese finden werden, andere Pflanzen müssen Sie erst aufstöbern. Lassen Sie sich auf die Suche ein – es macht Spaß, die Natur im Winter neu zu entdecken und zu erforschen. Versuchen Sie, die Natur mit anderen Augen zu sehen. Trockene Samenstände und verblühte Hortensien erscheinen plötzlich in einem neuen Licht.

26 KLEINE ÜBERRASCHUNGEN

Verwandeln Sie die winterlichen Schätze aus Garten und wilder Natur in kleine Freuden für sich und Ihre Lieben. Dieses Buch begleitet Sie durch die Adventszeit und hält jeden Tag hinter einer verschlossenen Seite eine Überraschungsidee für Sie bereit: Unterschiedliche Rezepte und Anleitungen, kulinarische Kleinigkeiten und feine Naturkosmetik, Bastelideen für Weihnachtsdekoration für drinnen oder draußen. Alle Ideen sind bewusst einfach gehalten und lassen sich mit wenig Zeit auch kurz vor Weihnachten noch verwirklichen. Das verwendete Material ist auch jetzt im Winter noch in der Natur zu finden, man kann aber oft auch auf Vorräte zurückgreifen oder alles Benötigte schnell kaufen.

Erleben Sie die Adventszeit ganz bewusst als eine Zeit der Entschleunigung mit und in der Natur und lassen Sie sich jeden Tag auf's Neue von unseren Ideen überraschen. Wir wünschen Ihnen frohe Weihnachten und viel Spaß beim Ausprobieren, Basteln, Genießen und Verschenken.

1

„Und seht, was in dieser hochheiligen Nacht“

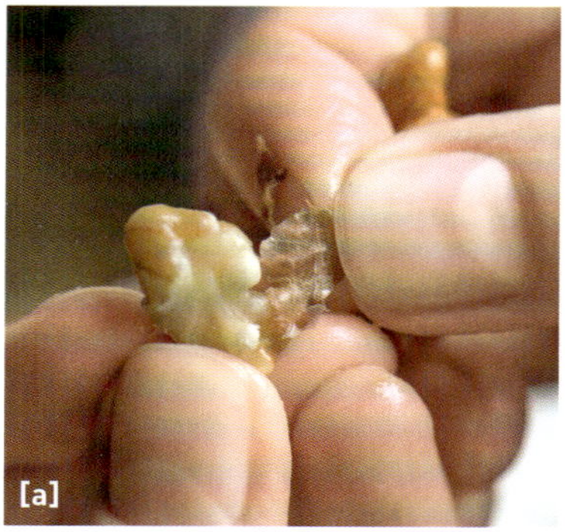
[a]

So geht's

[a] WENN ES SCHNELL GEHEN SOLL und Sie den bitteren Geschmack der Walnuss lieben, können Sie den langwierigen Schritt des Häutens der Walnuss einfach weglassen und die Walnüsse direkt verarbeiten.
[b] DIE WALNÜSSE am besten an der Luft trocknen lassen. Wenn Sie die Nüsse im Ofen trocknen, den Ofen nicht heißer als 40 °C einstellen. Wenn der Ofen zu warm ist und die Nüsse rösten, kann das Marzipan später krümelig werden.

Marzipankartoffeln
aus Walnüssen

EIN KLASSIKER ZUR WEIHNACHTSZEIT – GENIESSEN SIE DEN ORIENTALISCHEN GESCHMACK AUS WALD UND GARTEN.

Zutaten für 500 g

- 250 g Walnusskerne
- 250 g Puderzucker
- 3 – 4 EL Orangenblütenwasser
- Backkakao, schwach entölt

Zeitbedarf
- 60 Minuten
- 1 Stunde trocknen

So geht's

1. Die Walnusskerne in einen Topf mit kochendem Wasser geben, kurz aufkochen und den Topf vom Herd nehmen. Die Nüsse im Wasser 3 Minuten ziehen lassen, in ein Sieb gießen und mit kaltem Wasser abschrecken.
2. Die Walnusshaut mit den Fingern abziehen **[→a]**. Das ist wirklich Fleißarbeit. Wenn etwas Haut an den Nüssen übrig bleibt, ist das nicht weiter schlimm. Je gründlicher Sie arbeiten, desto milder werden hinterher die fertigen Marzipankartoffeln.
3. Die Walnüsse auf einem Küchentuch ausbreiten und trocknen lassen **[→b]**. Danach in der Mühle oder dem Mixer so fein wie möglich mahlen. Den Puderzucker in den Mixbehälter geben und alles zusammen vorsichtig vermahlen. Achtung, wenn die Nüsse beim Verarbeiten warm werden, tritt Öl aus, das Marzipan ist dann nicht mehr formbar.
4. Alles in eine Rührschüssel geben und nach und nach das Orangenwasser mit den Händen rasch unterkneten. Ist der Teig zu trocken, noch etwas Orangenblütenwasser zugeben. Wird er zu feucht, noch etwas Puderzucker einarbeiten.
5. Marzipan zu einer Rolle formen, in Folie wickeln und kühl stellen. Für die Kartoffeln jeweils eine haselnussgroße Menge abschneiden, zu Kugeln formen und mit Backkakao bestäuben.

NUSSSCHALEN AUFHEBEN Versuchen Sie die Nüsse möglichst so zu knacken, dass schöne Schalenhälften entstehen, und heben Sie diese auf. Es gibt dazu noch eine Bastelidee – mehr wird nicht verraten.

2

„Du grünst nicht nur zur Sommerzeit“

Kleine Minikränze

aus Efeuranken

EFEU ÜBERWUCHERT STEINE UND MAUERN. AUS DEN BIEGSAMEN EFEURANKEN LASSEN SICH KLEINE KRÄNZE ALS BAUMSCHMUCK WINDEN.

Zutaten für 10 Kränze

- 10 Efeuranken (1 m)
- Faden/Garn

Zeitbedarf

- 45 Minuten

So geht's

1. Efeuranken schneiden und die Efeublätter mit den Händen von den Ranken abziehen **[→a]**.
2. Mit dem einen Ende der Efeuranke wird ein Kreis von etwa 7 cm Durchmesser geformt. Winden Sie nun die restliche Ranke immer wieder um den Kreis herum, bis ein kleiner Kranz entsteht. Das Ende der Ranke zwischen den Kranzwindungen verstecken und einklemmen. Falls es nicht hält, mit etwas Garn festbinden.
3. Eine bunte Schnur am Kranz dient als Aufhänger für den Christbaumschmuck. Sie können die Kränze auch ohne Aufhänger über die Äste des Baumes hängen.

Die Variante

Großer Kranz
Winden Sie einen großen Kranz aus 20 – 25 ca. 2 m langen Efeuranken. Entfernen Sie die Blätter und verschlingen Sie etwa 15 Ranken gebündelt zu einem größeren Kranz. Binden Sie mit Draht die Enden fest zusammen und stecken Sie einzelne herausschauende Enden zwischen die Ranken. Flechten und winden Sie die restlichen Ranken um den Kranz und verstecken Sie so den Draht. Evtl. den Kranz mit frischen Blättern, Moos, kleinen Zapfen oder Beeren verzieren. Mit Beeren verzierte Kränze können nach Weihnachten draußen als Vogelfutter dienen.

DIESE KLEINEN KRÄNZE können Sie auch aus anderen Ranken wie Waldklematis oder Geißblatt formen.

So geht's

[a] TRAGEN SIE DABEI leichte Gartenhandschuhe, um sich nicht zu verletzen. Dickere Ansätze mit einer Gartenschere oder dem Messer abschneiden.

3

„Oh, wie ist es
kalt geworden“

Kleiderhaken

aus Ästen

NATUR IST EINFACH SCHÖN! LEICHT MODIFIZIERT ENTSTEHEN SO DIESE PRAKTISCHEN UND HÜBSCHEN ASTHAKEN.

Zutaten für 5 Haken

Fundholz mit 5 ausgeprägten Astgabeln

Besonderes Werkzeug

- Bohrmaschine
- 8 mm-Holzbohrer
- Holzsäge
- Schleifpapier

Zeitbedarf

- 1 Stunde

So geht's

1. Suchen Sie sich die 5 schönsten Astgabeln aus. Etwa 5 cm oberhalb und unterhalb der Astgabel am Ast abmessen und das Holz dort mit der Säge absägen. Die Astgabel selber (welche später dann der Haken ist) wird mit der Holzsäge auf etwa 4 – 5 cm gekürzt.
2. Die kleinen Aststücke auf eine feste Unterlage legen und mit der Holzsäge das hintere Drittel absägen. So entsteht an der Rückseite eine flache Auflagefläche und der Haken kann so später besser an der Wand verschraubt werden.
3. Nun die Schnittflächen (Ober- und Unterseite des Hakens sowie die gekürzte Astgabel) mit dem Schleifpapier glätten. Wer möchte, kann die Flächen dabei auch etwas abrunden [→a].
4. Ganz zum Schluss mit dem Holzbohrer noch die Befestigungslöcher etwa 0,5 – 1 cm unterhalb von Ober- und Unterkante markieren und bohren.

AUS GRÖSSEREN ASTGABELN können auf diese Weise schöne Kleiderhaken entstehen. Mehrere kleine, zusammen auf ein raues Holzbrett geschraubt, werden zu einem Schlüsselbrett.

So geht's

[a] GLÄTTEN SIE den gesamten Haken mit dem Schleifpapier, so kann später nichts an einer rauen Stelle hängen bleiben.

[a]

4

„Kehrt mit seinem Segen
ein in jedes Haus“

So geht's

[a] PÜNKTLICH SCHNEIDEN
Auch wenn die Zweige erst einige Tage später verschenkt werden sollen, schneiden Sie diese unbedingt am 4. Dezember und stellen Sie die Zweige bis zum Verschenken in eine Vase mit frischem Wasser in Ihre Wohnung, sonst klappt es nicht pünktlich mit den Blüten an Weihnachten.

Barbara-Zweige
aus Vogelkirsche

KEIN ANDERES GESCHENK IST SO EINFACH ZU MACHEN WIE DIESES – UND DOCH BEEINDRUCKT ES IMMER WIEDER AUFS NEUE. EINFACH IST EBEN EINFACH SCHÖN!

Zutaten

einige Zweige Vogelkirsche

Besonderes Werkzeug

- Gartenschere

Zeitbedarf

- 5 Minuten

So geht's

1. Am 4. Dezember ist Barbaratag. An diesem Tag werden die Barbara-Zweige geschnitten **[→a]**. Traditionell werden Kirschzweige als Barbara-Zweige geschnitten, es funktioniert aber auch mit Wildapfel, Schlehe und Kornelkirsche oder Baumobstzweigen aus dem Garten.
2. Die Zweige über Nacht in lauwarmes Wasser legen und am nächsten Morgen in eine Vase mit frischem Wasser stellen. Das Wasser bis Weihnachten regelmäßig auswechseln und darauf achten, dass immer ausreichend vorhanden ist.
3. Die Zweige sollen zwar in der warmen Wohnung, aber nicht zu warm, z. B. nicht in Heizungs- oder Ofennähe, stehen. Dort können sie eintrocknen, wenn es ihnen zu warm wird.
4. Am 24. Dezember werden sich die Blütenknospen öffnen.

GUTE WASSERVERSORGUNG **Schneiden Sie die Zweige ganz frisch an, bevor Sie sie in die Vase stellen. Am besten ist ein langer, schräger Schnitt mit einem scharfen Messer. So können die Zweige das Wasser gut aufnehmen.**

5

„All überall auf den Tannenspitzen“

So geht's

[a] JE NACHDEM, WELCHE FORM das Holz hat, können manche Bohrlöcher erst befüllt werden, wenn das Fett in den anderen bereits abgekühlt ist. Das erfordert etwas Geduld. Schneller geht es, wenn Sie das Holz für kurze Zeit nach dem Füllen nach draußen an die kalte Luft legen.

Snackbar

mit Vogelfutter

DIESE FUTTERBAR IST IDEAL FÜR ALLE VOGELARTEN, DIE IHR FUTTER GERNE IN BODENNÄHE SUCHEN, WIE Z. B. ROTKEHLCHEN UND AMSELN.

Zutaten für 1 Snackbar

1 Stück Fundholz

100 g getrocknete Früchte/Samen wie Brombeeren, Hagebutten, Wildapfel, Ilexbeeren, Mohn und Johannisbeeren

200 g Kokosfett

Besonderes Werkzeug

- Bohrmaschine mit Topfbohrer
- Kochtopf
- Zeitung zum Unterlegen

Zeitbedarf

- 1 Stunde

So geht's

1. Bohren Sie mit dem Topfbohrer mehrere 3–4 cm tiefe Löcher in das Fundholz. Die Standfläche bekommt natürlich keine Bohrlöcher. Die Früchte grob zerkleinern. Sehr große Früchte kleinschneiden und hacken. Beeren und Mohn können bleiben, wie sie sind.
2. Das Kokosfett bei mittlerer Hitze auf dem Herd langsam schmelzen. Jeweils Sorte für Sorte das Vogelfutter in je 1 Bohrloch füllen und mit Kokosfett ausgießen. Wenn das Fett langsam wieder abkühlt, wird es mit den Früchten und Saaten zusammen fest **[→a]**. Dann das nächste Loch mit einer anderen Sorte Futter füllen, mit Fett ausgießen und so weiter.

STELLEN SIE DIE SNACKBAR an einem schattigen Platz auf, denn an sonnigen Tagen kann das Fett auch im Winter schmelzen.

6

„Lasst uns froh
und munter sein“

Gerollte Kerzen
aus Mittelwänden

DIE DUFTENDEN BIENENWACHSKERZEN SIND EIN HÜBSCHES KLEINES MITBRINGSEL IN DER ADVENTSZEIT. ODER MAN SCHMÜCKT ZU HEILIGABEND DEN WEIHNACHTSBAUM DAMIT.

Zutaten

- Mittelwände aus Bienenwachs
- Docht in passender Stärke
- evtl. Föhn
- Holzbrett oder Wachstischtuch als Unterlage

Zeitbedarf

- 30 Minuten

So geht's

1. Um die Mittelwände gut aufrollen zu können, müssen sie etwas erwärmt werden. Dafür den Backofen auf 40 °C vorheizen und die Mittelwände hineinlegen. Dabei die Wachsplatten vorher schon voneinander trennen, damit sie nicht zusammenkleben. Die Platten dann zum Rollen einzeln entnehmen und sofort verarbeiten **[→a]**.
2. Die erwärmten Platten auf ein ausreichend großes Holzbrett oder ein Wachstuch legen. Ein Stück Docht in der passenden Länge zuschneiden – er soll oben etwa 1,5 cm überstehen – und diesen auf der dem Körper zugewandten Seite am Rand der Mittelwand gut andrücken. Dann die Wachsplatte langsam, gleichmäßig, gerade und mit leichtem Druck aufrollen, sodass eine dichte Rolle ohne Lücken entsteht.
3. Indem man die Unterseite der noch warmen Kerze etwas auf die Arbeitsunterlage drückt, werden die Kerzen gerade und stehen später gut. Als kleines Mitbringsel für die Weihnachtszeit sieht es sehr hübsch aus, wenn man die Kerzen einzeln in Folie verpackt und mit einer Schleife verziert.

FERTIGE SETS **Im Imkerfachhandel, in manchen Bastelgeschäften und im Internet gibt es schon fertige Sets mit Mittelwänden in verschiedenen Größen mit passenden Dochten zu kaufen.**

So geht's

[a] WACHS ERWÄRMEN Man kann das Wachs auch mit dem Föhn erwärmen. Einfach eine Platte nach der anderen mit der warmen Luft anpusten, bis sie geschmeidig ist.

7

„Schneeflöckchen, weiß' Röckchen"

Filzsteine

als Türstopper

STEINE IM SCHAFSPELZ: DIESE SCHWEREN TÜRSTOPPER KÖNNEN AUCH ALS GESCHMACKVOLLE DEKORATION IHRE WOHNUNG VERSCHÖNERN.

Zutaten für einen Stein

- Filzwolle
- runder, mittelgroßer Stein
- Naturseife
- sehr heißes Wasser

Besonderes Werkzeug

- Noppenfolie

Zeitbedarf

- 1 Stunde

So geht's

1. Von der Filzwolle wird ein ca. 20 cm langer Strang abgezupft und nicht geschnitten. Die Filzwolle ausbreiten und zu einer Fläche von ca. 20 × 20 cm locker auffächern. Eine weitere Lage Wolle „in anderer Laufrichtung" auf die erste Lage legen. Ein paar helle Wollstränge quer unter der Wolllage verteilen, diese werden hinterher die hellen Einschlüsse im Stein.
2. Den Stein auf die Wollschicht legen und gut mit der Wolle einschlagen.
3. Den Stein mit der offenen Wollschicht nach unten auf die raue Seite der Noppenfolie legen und mit etwas heißem Wasser übergießen.
4. Die Hände gründlich mit der Seife einschäumen und mit den Händen langsam über die Wollschicht reiben, damit alles schön schaumig wird. Den Stein mit der Wolle vorsichtig in den eingeseiften Händen drehen und reiben, damit die Fasern verfilzen und sich die offenen Stellen schließen [→a].
5. Wenn die Wolle langsam fester wird, den Stein mit der Noppenfolie einschlagen und mit Hilfe der Folie drehen, reiben und walken [→b]. Immer wieder heißes Wasser über den Stein gießen und mit reichlich Seife einschäumen.
6. Falls Löcher entstehen, diese mit etwas frischer Wolle bedecken und vorsichtig anfilzen. Es dauert einige Zeit, bis sich die Wolle richtig fest um den Stein legt. Also kräftig walken!
7. Zum Schluss den Stein gründlich auswaschen und gut trocknen lassen.

[a]

So geht's

[a] ACHTEN SIE DARAUF, dass die Wolle nicht in feinen Strängen in sich verfilzt, sondern miteinander eine dichte Filzschicht bildet.

[b]

8

„Alles schläft, einsam wacht“

[a]

So geht's

[a] DIE KLEBEARBEIT braucht etwas Zeit, da Sie bei jeder einzelnen Walnuss-Schale warten müssen, bis diese mit dem Kleber fest am Glas sitzt.

Windlicht

mit Walnuss-Schalen

HABEN SIE NOCH DIE NUSSSCHALEN VOM 1. DEZEMBER? NUN ZAUBERN SIE DARAUS EIN TOLLES LICHTERSPIEL AUF TISCH UND WÄNDE.

Zutaten für 1 Windlicht

- 1 großes leeres Glas
- Walnuss-Schalen-Hälften (ca. 45)
- Sand
- Kerze

Besonderes Werkzeug
- Heißkleber

Zeitbedarf
- 45 Minuten

So geht's

1. Bekleben Sie das Glas rundherum mit den Walnuss-Schalen. Tragen Sie den Heißkleber auf die Innenränder der Walnuss-Schalen auf und drücken Sie die Schalen mit dem Kleber an das Glas, bis der Kleber abkühlt und wieder fest wird **[→a]**.
2. Verteilen Sie die Schalen locker und ungeordnet rund um das Glas herum.
3. Etwas Sand auf dem Glasboden hält die Kerze an Ort und Stelle und isoliert, falls das Glas zu heiß wird oder etwas Wachs neben die Kerze tropft.

Die Variante

Blumenvase mit Walnuss-Schalen
Sie können auch alte Blumenvasen mit den Walnuss-Schalen verschönern. Bekleben Sie die Vase, wie beschrieben, rundherum, bis sie nicht mehr sichtbar ist. Kleben Sie die Schalen partiell auch in mehreren Lagen übereinander, damit von der alten Vase nichts mehr durchblitzt.

ZIMMERPFLANZEN Auf die gleiche Weise können Sie auch alte Übertöpfe mit Walnuss-Schalen verzieren und für Ihre Zimmerpflanzen verwenden.

9

„Wie so weit
und still die Welt“

So geht's

[a] ZIRBENKIEFERN wachsen in den Bergen Mitteleuropas in Höhen zwischen 1.400 und etwa 2.500 m. Das Holz ist weich, feinfaserig und leicht zu bearbeiten. Sammeln Sie in den Alpen einen großen, abgebrochenen Ast der Zirbenkiefer, achten Sie auch bei Forstarbeiten auf Zirben, vielleicht können Sie ein Stück vom Baum bekommen. Trocknen Sie das Holz 3 – 6 Monate an einem luftigen Ort.

[b] FÜLLEN SIE DAS KISSEN mit den Spänen, die offene Kante anschließend vernähen.

[b]

Wohlfühlkissen

mit Zirbenspänen

ZIRBENDUFT WIRKT BERUHIGEND UND ENTSPANNEND. SO HILFT IHNEN DIESES DUFTENDE ZIRBENKISSEN, GANZ ENTSPANNT EIN- UND DURCHZUSCHLAFEN.

Zutaten für ein Kissen

1 Stück Zirbenholz [→a]

Baumwollstoff 60 × 40 cm

Besonderes Werkzeug
- Holzhobel
- Nähmaschine
- Nähnadel
- Nähgarn

Zeitbedarf
- 1,5 Stunden

So geht's

1. Spalten Sie das Holz mit der Axt und spannen Sie es fest ein. Fassen Sie den Hobel mit beiden Händen und führen Sie die Klinge, vom Körper weg, leicht schräg über das Holz. Absetzen, den Hobel wieder körpernah am Werkstück aufsetzen und hobeln. So immer weiter fortfahren, bis genug Späne für die Kissenfüllung gehobelt sind. Es geht nicht darum, besonders schöne Späne zu erzeugen.
2. Dann wird das Kissen genäht. Den Stoff für das Kissen in der Mitte falten, sodass die rechten Stoffseiten im Format 30 × 40 cm aufeinanderliegen.
3. An den 3 offenen Seiten zusammensteppen. An der Seite gegenüber der gefalteten Seite einen ca. 15 cm langen Abschnitt nicht versteppen, sondern zum Füllen offen lassen. Die Stoffkanten einzeln versäubern.
4. Das Kissen wenden und mit den Zirbenspänen füllen [→b]. Die offene Kante aufeinander heften und schmal am Rand mit der Maschine zusammensteppen.

Für gesunden Schlaf

Eine Forschergruppe aus der Steiermark hat die entspannende Wirkung der Zirbe untersucht. Zirbenholz wirkt Puls senkend, entspannt, beruhigt und fördert dadurch den Schlaf. Dies liegt vermutlich an den ätherischen Ölen im Holz der Zirbe.

DER GERUCH DER ZIRBE **wird nach und nach schwächer. Wollen Sie das Kissen verschenken, hobeln Sie die Späne erst kurz vorher. Sie können das Kissen später mit echtem ätherischen Öl der Zirbelkiefer neu beduften.**

10

„Ist so kalt der Winter“

[a]

So geht's

[a] WENN SICH LÖCHER oder Falten bilden, war die Kugel nicht fest genug gewickelt. Das hilft: Etwas frische Wolle über die Stelle legen und mit einfilzen.

Filzeicheln

aus Wolle

DIESE FILZEICHELN SIND EIN TOLLER BAUMSCHMUCK UND KÖNNEN AUCH PÄCKCHEN ALS KLEINE GESCHENKANHÄNGER VERZIEREN.

Zutaten für 15 Stück

- 15 Eichelkäppchen
- Filzwolle (Kammzug)
- Naturseife/Kernseife
- Holzleim

Besonderes Werkzeug

- Knallfolie
- heißes Wasser

Zeitbedarf

- 1 Stunde

So geht's

1. Von der Filzwolle etwa 25 cm Wolle abziehen und nicht schneiden. Davon wiederum einen 1 cm breiten Streifen abziehen. Das eine Ende leicht verschlingen und den Wollstreifen kreuz und quer fest drum herumwickeln, so wie man ein Wollknäuel aufwickeln würde. Die Wolle sollte dabei trotzdem schön weich ausgebreitet aufliegen.
2. Etwas heißes Wasser über die Kugel gießen und zwischen den Händen die Kugel leicht und sanft rollen. Die Hände mit der Seife gut einschäumen und die Kugel im Seifenschaum weiterrollen.
3. Wenn die Kugel etwas fester geworden ist, auf die noppige Seite der Knallfolie legen, die Folie darüber schlagen und zwischen den Folien hin und her rollen. Immer mal wieder heißes Wasser über die Kugel gießen und die Kugel mit frisch eingeseiften Händen einschäumen **[→a]**.
4. Wenn sich die Kugel fest genug anfühlt, mit Druck leicht oval wie eine Eichel formen. Unter klarem Wasser gut ausspülen, mit einem Handtuch auspressen, wieder in Form bringen und trocknen lassen.
5. Die trockenen Filzeicheln mit dem Leim in die Eichelkappen kleben und trocknen lassen.

MACHEN SIE ZUERST EINE PROBEKUGEL um zu schauen, ob die Wollmenge passt und die ovale Filzkugel groß bzw. klein genug wird. Bei der nächsten Kugel können Sie dann die Menge der Filzwolle entsprechend anpassen.

11

„Das soll euer Freud'
und Wonne sein"

Weihnachtssaft
aus Äpfeln

ÄPFEL DÜRFEN IM WINTER NICHT FEHLEN. WENN ES DRAUSSEN KALT IST, WÄRMT EIN HEISSER APFELSAFT, AM BESTEN MIT ÄPFELN AUS DEM EIGENEN GARTEN.

Zutaten für ca. 5 Liter Saft

- 10 kg Äpfel
- 2 Bio-Zitronen
- 2 Vanilleschoten
- 2 Stangen Ceylon-Zimt
- 2 l Wasser

Besonderes Werkzeug

- 2 große Töpfe
- Siebe
- Küchentuch
- Saftflaschen

Zeitbedarf

- 1 Stunde

So geht's

1. Äpfel gründlich waschen und sortieren. Alle dunklen Stellen, Wurmlöcher, Druckstellen o. Ä. werden großzügig herausgeschnitten. Die Äpfel würfeln. Die Zitronen waschen und in Scheiben schneiden, Vanilleschoten halbieren und das Vanillemark mit dem Messerrücken auskratzen.
2. Apfelstücke, Zitronenscheiben, Vanillemark und Schoten, Zimtstangen und Wasser in einen großen Topf geben. Das Wasser aufkochen lassen und dann bei mittlerer Hitze etwa 30 Minuten lang die Äpfel weich musig zerkochen. Nach 15 Minuten die Zimtstangen entfernen. Je länger die Zimtstangen mitkochen, desto intensiver wird der Zimtgeschmack.
3. Währenddessen die sauberen Saftflaschen 15 Minuten bei 130 °C im Backofen sterilisieren **[→a]**.
4. Ein großes Sieb mit einem sauberen Geschirrtuch in einen zweiten Topf hängen und einen Teil der Apfelmasse hineinschütten. In mehreren Schritten arbeiten, da das Sieb wahrscheinlich zu klein für die ganze Apfelmasse ist.
5. Äpfel gut abtropfen lassen, die Masse dann mit dem Tuch aus dem Sieb heben, das Tuch zusammendrehen und so viel Flüssigkeit wie möglich auspressen. Den gesamten Saft noch einmal kurz aufkochen und noch heiß abfüllen und verschließen. Der Apfelsaft ist etwa 2 Jahre haltbar.
6. Es gibt so viele Möglichkeiten, um Saft herzustellen. Ich beschreibe in diesem Rezept die Methode, bei der man die wenigsten Geräte haben muss.

So geht's

[a] ARBEITEN SIE bei der Saftherstellung so sauber wie möglich, da dem Saft keine Konservierungsstoffe wie Zucker zugesetzt werden. Sterilisieren Sie die sauberen Flaschen und das Zubehör wie z. B. den Trichter zum Abfüllen des Saftes.

12

„Weihnachtlich glänzet der Wald“

Weihnachtsbäume

aus Holunderzweigen

DAS WEICHE HOLZ VON HOLUNDERBÄUMEN IST TOLL ZUM BASTELN.
ES IST DICHT, FEINPORIG UND LÄSST SICH BESONDERS LEICHT VERARBEITEN.

Zutaten für 1 Baum

verschieden lange Äste Holunder

robuster Faden

Besonderes Werkzeug

- Gartenschere
- Akkuschrauber mit dünnem Bohrer 1–2 mm ⌀

Zeitbedarf

- 15 Minuten

So geht's

1. Die Holunderäste mit der Gartenschere so zuschneiden, dass sie übereinander liegend, in der Form eines Tannenbaums spitz zulaufen. Für die Zwischenstücke und den Baumstamm kurze Aststückchen von 2–3 cm zuschneiden.
2. Durch die Mitte der Äste, die später den Baum ergeben sollen, mit dem Bohrer jeweils quer ein Loch bohren. Das Holzstück für den Stamm längs durch die weiche Mitte durchbohren **[→a]**.
3. An das Ende des Fadens einen Knoten machen und erst das Längsstück für den Stamm, dann die langen Stücke quer mit jeweils einem kurzen Stück dazwischen auffädeln.
4. Die Bäumchen können in verschiedenen Größen gebastelt werden. Kleinere Bäumchen als Schmuck für den Weihnachtsbaum, größere als Fensterdeko.

WER MÖCHTE, kann den oder die Bäume noch mit Weihnachtsschmuck verzieren oder die Äste weihnachtlich bemalen.

So geht's

[a] DAS WEICHE INNERE des Holunderzweigs („Markröhre") können Sie auch ganz leicht mit einer Stopfnadel oder einem Metallspieß durchbohren, falls Sie keinen Bohrer haben.

13

„Tönet durch die Lüfte
froher Schall"

Kaminanzünder

aus Kiefernzapfen

GANZ OHNE UNGESUNDE CHEMIE HELFEN DIESE PRÄPARIERTEN ZAPFEN, DEN KAMIN ODER GRILL ZU ENTZÜNDEN. UND HÜBSCH SIND SIE AUCH!

Zutaten für 10 Stück

250 g Wachs

10 Kiefernzapfen

Baumwollgarn

neutrales Öl

Besonderes Werkzeug
- 2 alte Töpfe
- 10 kleine Schalen oder Tassen

Zeitbedarf
- 1 Stunde

So geht's

1. Das Wachs über dem Wasserbad vorsichtig schmelzen. Währenddessen die Baumwollschnur mehrmals um den unteren Teil des Zapfens wickeln, dabei etwa 10 cm Band am Ende überstehen lassen **[→a]**.
2. Die Schalen mit neutralem Öl gut einfetten. Gießen Sie dann das geschmolzene Wachs etwa 2 cm hoch in jedes Schälchen. Je ein Kiefernzapfen wird dann in das heiße Wachs gesetzt, das lange Fadenende dabei über den Schalenrand legen **[→b]**.
3. Wenn Sie einen winterlich „beschneiten" Zapfen herstellen möchten, können Sie das Wachs auch an einigen Stellen über den Zapfen gießen.
4. Wenn das Wachs erkaltet ist, können Sie die Zapfen aus der Gießform lösen. Dabei die Zapfen leicht drehen.
5. Das Fadenende auf etwa 1 – 2 cm kürzen. Die Kaminanzünder werden dann bei Gebrauch an diesem Band entzündet.

Zum Verschenken und Aufbewahren setzt man die Anzünder in eine Pappschachtel, die man auch noch schön verzieren kann.

SO GEMÜTLICH Was gibt es Schöneres, als an einem kalten Wintertag am Kaminfeuer zu sitzen. Mit den selbst gemachten Kaminanzündern fängt das Holz schnell Feuer und sie verbreiten außerdem ein heimeliges Knistern.

[a]

[b]

So geht's

[b] WÄHLEN SIE SCHÄLCHEN, in die die Zapfen gut hineinpassen. Der Boden sollte nicht zu weit sein, weil dort später der Wachssockel hineingegossen wird.

14

„Wann kommst du geschneit?“

[a]

[b]

So geht's

[a] BOHREN SIE die Löcher nicht komplett durch, damit die Rückwand geschlossen bleibt. Ohne geschlossene Rückwand ziehen keine Insekten ein.

Insektendorf

aus Treibholz

FÜR NÜTZLINGE UND INSEKTEN BAUEN WIR GLEICH EIN GANZES DORF. JE NACHDEM, WIE VIEL HOLZ ES GIBT, KANN DAS DORF GRÖSSER ODER KLEINER WERDEN.

Zutaten für 3 Häuser

- Treibholz
- 3 Eisenstäbe 4 – 6 mm ø, 1 m lang

Besonderes Werkzeug

- Säge
- Bohrmaschine
- verschiedene Holzbohrer (3 – 10 mm ø)

Zeitbedarf

- 1 Stunde

So geht's

1. Suchen Sie beim Spazieren am Meer oder an Flüssen nach einem eckigen Stück Treibholz. Am besten geht das nach der Flut oder nach Hochwasser.
2. Ihr weiteres Vorgehen richtet sich nach der Form des Treibholzes, das Sie gefunden haben. Entweder müssen Sie Ihr Fundholz von der Form her anpassen, oder es gibt ein langes Stück, von dem Sie 10 – 15 cm dicke Scheiben absägen. Versuchen Sie mit wenigen weiteren Schnitten eine grobe Hausform zu sägen. Am schönsten ist es, wenn eine oder mehrere Seiten noch die Treibholz-Struktur beibehalten. Die Häuser sollen etwa 10 – 20 cm groß sein.
3. Mit den Holzbohrern bohren Sie dann unterschiedlich dicke Löcher in die Vorderseite der Häuser [→a].
4. In die Unterseite der Häuschen bohren Sie jeweils ein Loch mit dem Durchmesser der Eisenstangen. Stecken Sie jeweils eine hinein.

DER IDEALE STANDORT für das Insektendorf ist geschützt vor Regen an einem sonnigen Platz.

15

„Verschneit liegt rings
die ganze Welt“

Weiche Winterkugel

aus Moos

ES GIBT SO VIELE VERSCHIEDENE HÜBSCHE MOOSE, MACHEN SIE GLEICH MEHRERE KUGELN AUS UNTERSCHIEDLICHEN ARTEN.

Zutaten für 1 Kugel

- Zeitung oder altes Papier
- Moos
- Kupferdraht
- Christbaumschmuck

Besonderes Werkzeug

- Zange oder Seitenschneider

Zeitbedarf

- 30 Minuten

So geht's

1. Zuerst eine Kugel als Basis von etwa 10 – 15 cm ø aus dem Zeitungspapier knüllen und ganz leicht mit etwas Draht umwickeln.
2. Ein Stück Moos auflegen und den Draht um das Moos und die Zeitungskugel wickeln. Ein weiteres Stück Moos auflegen, wieder umwickeln und so weiter, bis die ganze Papierkugel mit Moos bedeckt und nicht mehr zu sehen ist.
3. Den Draht dekorativ weiter und oft um die Kugel wickeln und die Kugel dabei immer etwas drehen. Je nachdem, wie hoch das Moos ist, ist der Draht besser oder schlechter zu sehen.
4. Den Draht in sich selbst verknoten, abschneiden und das Drahtende im Moos verstecken.
5. Die Mooskugel sparsam mit Christbaumschmuck als Blickfang dekorieren.

DEKORIEREN SIE MEHRERE KUGELN ZUSAMMEN oder ergänzen Sie eine einzelne Kugel mit einer schönen, dicken Kerze. Hierzu einen dicken Draht in eine Kerze stecken und sie dann mit dem Draht fest in die Mooskugel stecken.

16

„Ich bring euch
gute neue Mär“

So geht's

[a] SCHUTZSCHICHT Sind die Blätter zu dick und ist die äußerste Schutzschicht (Kutikula) besonders wachsig, dann lässt sich der Pflanzensaft nur schwer mit dem Hammer herausschlagen. Efeublätter der Sorte „Arborescens" (Strauchefeu) z. B. färben so gut wie gar nicht ab.

Stoffdruck
mit Efeu

DEN SELBST BEDRUCKTEN STOFF KANN MAN PRIMA ALS AUSSERGEWÖHNLICHE GESCHENKVERPACKUNG VERWENDEN ODER DAS ZIRBENKISSEN VOM 9. DEZEMBER DARAUS NÄHEN.

Zutaten

heller Stoff (Baumwolle/Leinen)
Efeuranken oder andere Blätter **[→a]**

Besonderes Werkzeug

- Bügeleisen
- Hammer
- Fester Karton als Unterlage
- 2 alte Geschirrtücher o. Ä. zum Verarbeiten

Zeitbedarf

- 1 Stunde

So geht's

1. Den Stoff glatt bügeln. Da die Blätter beim Verarbeiten auch auf den Untergrund abfärben, am besten eine feste Pappunterlage unter den Stoff legen. Die Efeublätter auf dem Stoff platzieren. Das alte Tuch über die Blätter legen.
2. Mit der flachen Seite des Hammers auf die Stellen schlagen, an denen die Blätter liegen **[→a]**. Wenn sich das Blatt gut abzeichnet, auf die nächste Blattstelle schlagen, bis sich alle Blätter durchzeichnen. Das obere Tuch und die Pflanzenreste entfernen.
3. Ein frisches Tuch auf den Stoff legen und so heiß wie möglich bügeln, um die Farbe zu fixieren.

DER STOFF KANN BEI 30° C GEWASCHEN WERDEN, je öfter Sie den Druck waschen, desto blasser wird jedoch die Farbe. Auch Sonne lässt die Farbe verblassen, der Stoff sollte deshalb nicht in der prallen Sonne liegen oder trocknen.

17

„Die Wälder träumen
schnee-umschmiegt“

So geht's

[a] AUSGEWACHSENE DOUGLASIEN haben keine Äste, die vom Boden aus erreichbar sind. Sammeln Sie abgebrochene Äste auf, z. B. nach einem Herbststurm oder nachdem viel Schnee gefallen ist und Äste unter der Schneelast abgebrochen sind.

Douglasien-Bad
für die Füße

NICHT NUR IN DER ERKÄLTUNGSZEIT WÄRMT EIN HEISSES FUSSBAD. DIE ÄTHERISCHEN ÖLE DER DOUGLASIE DUFTEN AROMATISCH NACH WALD UND HABEN EINE FEINE ORANGENNOTE.

Zutaten für 500 g

5 Äste mit Seitentrieben der Douglasienfichte (ca. 20 cm lang) **[→a]**

500 g Meersalz

Besonderes Werkzeug
- Mixer oder Pürierstab mit Mixaufsatz
- feines Sieb

Zeitbedarf
- 15 Minuten

So geht's

1. Zuerst zupfen Sie die Nadeln der Douglasie von den Ästen. Mit ein paar Löffeln Salz im Mixer fein zermahlen. Die Mischung mit dem restlichen Salz gut vermischen, auf ein Backblech geben und über Nacht trocknen lassen.
2. Die Mischung dunkel lagern, dann bleibt die schöne grüne Farbe des Salzes erhalten. Erst direkt vor dem Verwenden oder Verschenken die Salz-Mischung durchsieben und die groben Pflanzenreste von der Fußbad-Mischung trennen. Dann erst das Salz für das Fußbad in heißes Wasser geben (ca. 50 g auf 5 l Wasser) oder als Geschenk in ein schönes Glas füllen und hübsch verpacken.

FÜR MEHR DUFT können Sie das Fußbad mit 5 – 10 Tropfen ätherischem Öl der Douglasfichte oder ätherischem Orangen- oder Lavendelöl beduften.

18

„Grad als ob
Engelein singen“

[a]

So geht's

[a] **KUPFERDRAHT** bildet einen tollen Kontrast zum Fichtengrün. Nehmen Sie keinen grünen Basteldraht, sondern lieber schwarzen. Der grüne Draht leuchtet unschön und störend zwischen dem Fichtengrün hervor.

Tannenstern
aus Fichtengrün

BINDEN SIE AUS FICHTENGRÜN EINEN STERN – EINE KLASSISCHE, ABER IMMER SCHÖNE, NATÜRLICHE DEKORATION.

Zutaten für 1 Stern

- 6 gerade Holzäste (ca. 20 – 25 cm)
- dünner Basteldraht (schwarz oder Kupfer)
- Fichtengrün
- Schleifenband
- kleine Zapfen von Erle oder Lärche

Besonderes Werkzeug

- Zange

Zeitbedarf

- 20 Minuten

So geht's

1. Legen Sie jeweils 3 Äste zu einem Dreieck und verbinden Sie die Ecken mit etwas Draht. Legen Sie dann die beiden Dreiecke übereinander zu einem Stern und verbinden Sie diese an den Überschneidungspunkten ebenfalls mit Draht **[→a]**.
2. Dann wird das Fichtengrün um das Gerüst aus Ästen gewickelt. Nehmen Sie immer 1 bis 2 Fichtenäste, legen diese auf den Stern und wickeln Sie den Draht um das Grün. So fortfahren, bis das ganze Gerüst grün umwickelt und nicht mehr zu sehen ist.
3. Knoten Sie als Aufhänger eine dekorative Schleife an eine Spitze und dekorieren Sie den Stern nach Belieben mit kleinen Zapfen oder anderen Naturfundstücken.

EINE LICHTERKETTE, um den Stern gewickelt, lässt ihn auch im Dunklen erstrahlen.

19

„Gefroren hat es heuer“

Muschelkerzen

mit Bienenwachs

DIE MUSCHELN AUS DEM STRANDURLAUB ERHELLEN AN WEIHNACHTEN, MIT DUFTENDEM BIENENWACHS GEFÜLLT, DAS HAUS.

Zutaten für 15 Kerzen

- ca. 200 – 300 g reines Bienenwachs
- 15 Muscheln
- 15 Teelicht-Dochte für Bienenwachs mit Fuß **[→a]**

Besonderes Werkzeug

- Backpapier

Zeitbedarf

- 30 Minuten

So geht's

1. Das Bienenwachs vorsichtig über dem Wasserbad schmelzen. Das Backpapier ausbreiten und die Muscheln darauf auslegen. Wählen Sie Muscheln aus, die möglichst tief sind und recht stabil liegen.
2. Die Teelicht-Dochte in die Mitte der Muscheln stellen und ausrichten. Vorsichtig das flüssige Bienenwachs in die Muscheln gießen und aushärten lassen.
3. Falls etwas Wachs neben die Muscheln läuft, kann es einfach vom Backpapier abgelöst und wieder in den Topf gegeben werden.

Die Variante

Eichelkappen als Schwimmkerzen
Befüllen Sie die Kappen von Eicheln wie beschrieben mit dem Wachs. Das Befüllen ist etwas schwieriger als bei den Muscheln. Die Eichelkappen-Kerzen sind tolle Schwimmkerzen und brennen 15 – 20 Minuten.

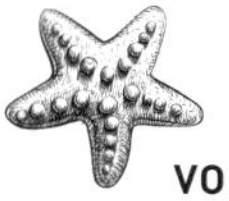

VORSICHT MIT DEM HEISSEN BIENENWACHS, es kann verdampfen und die Dämpfe können sich selbst entzünden. Die sicherste Methode ist das Schmelzen über dem Wasserbad. Das Schmelzen dauert zwar etwas länger, das Wachs kann so aber nicht überhitzen.

So geht's

[a] VERWENDEN SIE Runddocht, der extra für Bienenwachs empfohlen wird. Ein Runddocht hat eine flache und eine runde Seite. An der flachen Seite bilden die Fäden ein V. Die Spitze des V zeigt nach unten zur Muschel.

20

*„Ich komme, bring'
und schenke dir"*

Waldweihrauch

aus Fichten- oder Kiefernharz

DUFTENDES FICHTEN- ODER KIEFERNHARZ ENTFALTET BEIM RÄUCHERN EIN GANZ BESONDERES AROMA. ES BERUHIGT UND ENTSPANNT.

Zutaten

20 g Fichten- oder Kiefernharz

Besonderes Zubehör

- Vorratsglas oder -dose
- Räucherstövchen oder -schale und Räucherkohle

Zeitbedarf

- 1 Waldspaziergang

So geht's

1. Sammeln Sie im Wald altes Harz von Fichten oder Tannen. Dies erkennen Sie daran, dass es schon trocken geworden ist und nicht mehr klebt. Meist hängen kleine gelbliche oder dunkle Kügelchen an den Nadelbäumen, die Sie einfach absammeln können **[→a]**.
2. Füllen Sie das Harz in ein schönes, dicht schließendes Glas oder eine hübsche Vorratsdose.
3. Am einfachsten kann man das Harz auf einem Räucherstövchen verräuchern. Dabei liegt das Harz auf einem feinen Gitter und wird von einem Teelicht erwärmt. Intensiver wird das Dufterlebnis, wenn man eine Räucherschale mit Räucherkohle verwendet.

Anleitung zum Räuchern mit Räucherkohle

1. Auf den Boden der Räucherschale etwa 2 cm Sand füllen. Die Räucherkohle auf den Sand legen und entzünden, bis sie raucht. Noch ein paar Minuten glühen lassen, bis die Oberfläche wie bei Grillkohle mit weißer Asche überzogen ist. Legen Sie das Baumharz dann in die Mulde der Kohle.
2. Genießen Sie die Wirkung des Rauches und den Duft des Waldes.

VORSICHT! Beim Räuchern können sehr hohe Temperaturen entstehen. Die Räuchergefäße können sehr heiß werden. Es besteht Brandgefahr. Schutzhandschuhe und feuerfeste Unterlagen sind anzuraten. Tiere und Kinder grundsätzlich fernhalten. Falls Sie Räucherkohle verwenden, beachten Sie bitte, dass die Kohle bis zu 60 Minuten nachglühen kann.

So geht's

[a] NADELBÄUME VERSCHLIESSEN mit Harz ihre Wunden, damit weder Dreck noch Keime in den Baum eindringen. Ist das Harz schon alt und trocken, können Sie sich recht sicher sein, dass der Spenderbaum seine Wunde schon wieder gut verschlossen hat und diese gut verheilt ist.

[a]

21

„Und hat ein
Blümlein bracht“

Kräuterhonig
mit Rosmarin und Lavendel

DIE WERTVOLLEN INHALTSSTOFFE DES BIENENHONIGS VERBUNDEN MIT DEN FEINEN AROMEN DER KRÄUTER – GENAU DAS RICHTIGE FÜR ALLE SÜSSSCHNÄBEL.

Zutaten

- 2 Zweige Rosmarin
- 1 EL getrocknete Lavendelblüten
- 100 g flüssiger, milder Honig

Besonderes Werkzeug
- **2 kleine Schraubgläser (à ca. 50 ml)**

Zeitbedarf
- 10 Minuten

Haltbarkeit
- 3 Monate

So geht's

1. Den Rosmarin bei Bedarf waschen und sehr gut trocken schütteln. Die Nadeln von den Zweigen streifen und fein hacken.
2. Die Kräuter – jeweils eine Sorte pro Glas oder auch gemischt – auf die Gläser verteilen und mit dem Honig übergießen.
3. Die Gläser fest verschließen und den gekräuterten Honig an einem hellen, nicht zu kalten Ort ruhen lassen. Die Kräuter steigen dabei an die Oberfläche. Wer möchte, kann die Gläser zwischendurch immer wieder auf den Kopf stellen, sodass sich die Kräuter im Honig bewegen. Das Aroma der Kräuter verbindet sich so noch besser mit dem Honig.
4. Sehr gut schmeckt dieser aromatisierte Honig in Marinaden zu gegrilltem Fleisch, zu Gemüse aus dem Backofen, zu kräftigem Käse und in Salatdressings. Oder probieren Sie einmal einen Esslöffel Lavendelhonig in einem Glas warmer Milch – so wunderbar entspannend!

KRÄUTERAUSWAHL **Auf diese Weise kann man Honig ganz unterschiedliche Aromen verleihen. Wichtig ist, dass die Kräuter möglichst trocken sind. Mediterrane Kräuter mit ihren festen Blättern eignen sich daher viel besser als unsere heimischen Sorten mit wasserreichen Blättern. Versuchen Sie z. B. Thymian oder Salbei oder eine provenzalische Kräutermischung.**

22

„Still und starr ruht der See“

Heiße Steine
aus Flusskieseln

EINE MASSAGE MIT HEISSEN STEINEN WÄRMT UND ENTSPANNT AN DUNKLEN WINTERTAGEN.

Zutaten

- 5 Flusskiesel
  möglichst rund und flach
- kleine Schachtel oder Holzkiste

Zeitbedarf

- 1 Winterspaziergang
- 10 Minuten

So geht's

1. Machen Sie einen ausgedehnten Winterspaziergang. Suchen Sie Steine aus, die schön rund und etwas flach sind. Die passende Größe ist etwa so groß wie ein Handteller.
2. Die Flusskiesel gründlich säubern, abkochen und zum Aufbewahren in eine Schachtel oder Kiste legen [→a].

Wellness-Anwendung

1. Flusskiesel im Kochtopf mit Wasser etwa 15 Minuten kochen, damit sie die Wärme speichern.
2. Die Steine mit einem Löffel aus dem Wasser nehmen und in ein frisches Handtuch einschlagen. Die Steine müssen jetzt etwas abkühlen.
3. Die Rückenmassage: Den Rücken großzügig einölen, 2 heiße Steine nehmen (Temperatur vorher testen!) und damit in kreisenden Bewegungen über den Rücken streichen. Die Steine müssen immer in Bewegung bleiben, damit es keine Verbrennungen gibt.
4. Wenn die Steine kälter werden, gegen wärmere austauschen.
5. Am Ende der Massage alle Steine an der Wirbelsäule entlang auf den Körper legen. Vorher wieder die Temperatur testen, ansonsten ein Handtuch zwischen Steine und Rücken legen. Den Rücken mit einem Handtuch abdecken und 10 – 15 Minuten auf dem Rücken ruhen lassen. Entspannung pur.

TRADITIONELL werden Basaltsteine verwendet, da sie Wärme besonders gut und lange speichern.

So geht's

[a] VERSCHENKEN SIE die Steine hübsch verpackt zusammen mit einem wohltuenden Massageöl.

23

*„Freue dich,
Christkind kommt bald“*

Mistelzweige
bringen Glück

„KISS ME UNDER THE MISTLETOE" – DAS LASSEN WIR UNS NICHT ZWEIMAL SAGEN UND FREUEN UNS ÜBER DIESEN KONTAKTFÖRDERNDEN GLÜCKSBRINGER.

Zutaten

- Mistelzweige
- schönes Band

Zeitbedarf

- 1 langer Spaziergang

So geht's

1. Entgegen der weit verbreiteten Meinung, dass die Mistel unter Naturschutz steht, dürfen Misteln für private Zwecke gepflückt bzw. gesammelt werden. Der Wirtsbaum darf dabei jedoch nicht beschädigt werden!
2. Da die Misteln meistens hoch oben in den Bäumen wachsen ist es jedoch ratsam, nur heruntergefallene Mistelzweige zu sammeln und oben im Baum nicht zu ernten. Nach einem kräftigen Wintersturm können Sie bei einem ausgedehnten Winterspaziergang oft abgebrochene Äste mit Misteln finden. Dann greifen Sie zu!
3. Binden Sie die Mistelzweige mit einem schönen Band mit Knoten und Schleife fest zusammen **[→a]**. Nun können Sie den Mistelzweig an den Türrahmen hängen oder verschenken.
4. In England und den USA gehört dieser Brauch schon immer zum Weihnachtsfest dazu, seit einigen Jahren dekorieren aber auch hier immer mehr Familien ihr weihnachtliches Zuhause mit Misteln. Der Sage nach wird ein Paar, das sich unter dem Mistelzweig küsst, im folgenden Jahr heiraten.

MISTELN SÄEN Nehmen Sie einige der Beeren und quetschen Sie diese mit den Fingern im Garten fest auf die Rinde eines Laubbaumes. Mit etwas Glück kann man ein Jahr später im Frühling einen kleinen Keimling mit zwei Blättern am Baum entdecken. Misteln wachsen jedoch sehr langsam. Erst nach fünf Jahren blühen sie zum ersten Mal.

So geht's

[a] KNOTEN NACHZIEHEN Mit der Zeit schrumpfen die Mistelzweige etwas und sitzen dann vielleicht locker im Band. Ziehen Sie Knoten und Schleife noch einmal nach, damit nichts herausrutscht.

[a]

24

„Hell erglüh'n die Kerzen"

Glänzendes Eislicht
für den Weihnachtsabend

IST ES DRAUSSEN EISIG, KANN DAS EISLICHT GANZ VON ALLEINE FRIEREN, ANSONSTEN NEHMEN SIE EINFACH IHREN GEFRIERSCHRANK ZU HILFE.

Zutaten für ein Eislicht

2 Gefäße, gleiche Form aber unterschiedlich groß (Glas, Porzellan oder Kunststoff)
1 – 5 Kieselsteine

Besonderes Werkzeug
- Malerkrepp

Zeitbedarf
- 10 Minuten

So geht's

1. Füllen Sie die größere Schale mit Wasser und stellen Sie die kleinere Form dort hinein. Die innere Schüssel wird mit Kieselsteinen etwas beschwert, damit sie nicht auf dem Wasser schwimmt und sich später eine kleine Ausbuchtung für die Kerze ergibt.
2. Die kleine Schüssel mit dem Malerkrepp in der Mitte der größeren Schale möglichst fest fixieren. Das geht am besten, wenn Sie das Klebeband über Kreuz auf die Schalen kleben.
3. Die Schüsseln nun so nach draußen stellen und 24 Stunden frieren lassen. Alternativ kann das Eis auch im Gefrierschrank frieren.
4. Wenn alles gefroren ist, zuerst die innere Schale mit warmem Wasser füllen, 2 Minuten warten und herauslösen, dann die äußere Schale in warmes Wasser stellen, kurz warten und ablösen. Nun ein Teelicht oder eine kleine Kerze in das Eislicht stellen und ab damit nach draußen.

MIT DEKORATION Geben Sie Beeren, Blätter, Zapfen oder Winterblüten mit in das Wasser. Beim Gefrieren werden die Pflanzenteile wunderschön konserviert und die Lichter farbenfroher.

Silvester

*„Bald, so wird es
zwölfe schlagen"*

So geht's

[a] ACHTUNG, vor dem Arbeiten mit der Motorsäge Schutzkleidung anziehen und sich mit der sicheren Handhabung der Säge vertraut machen.

[b] NACH DEM SCHNEIDEN erst einmal abwarten, wenn das Holz noch ein wenig feucht ist, zieht es sich beim Trocknen etwas auseinander und das Kreuz öffnet sich ein wenig von alleine.

Schwedenfeuer

für den Jahreswechsel

FEUER BRINGT WÄRME: AUCH AUS FRISCHEM HOLZ GEMACHT, BRENNT DAS SCHWEDENFEUER OHNE VIELE HILFSMITTEL.

Zutaten für 1 Schwedenfeuer

1 Stück Baumstamm ohne Äste
20 – 30 cm ø
Höhe 30 – 90 cm

Öko-Grillanzünder

Besonderes Werkzeug

- Motorsäge
- Schutzkleidung
- evtl. Stemmeisen

Zeitbedarf

- 20 Minuten

So geht's

1. Der Baumstamm kann aus dem eigenen Garten sein oder Sie fragen bei Baumfällarbeiten im Wald, ob Sie ein passendes Stück Baum mitnehmen dürfen.
2. Den Baumstamm fest aufstellen. Mit der Motorsäge in 2 Schnitten von oben nach unten ein Kreuz in den Stamm sägen [→a]. Die unteren 10 cm des Holzes nicht einsägen, sondern als Sockel stehen lassen. Dickere Stämme können Sie auch 3 oder 4mal gekreuzt einschneiden.
3. Mit dem Stemmeisen eine kleine Mulde in das obere Kreuz schneiden [→b] und den Grillanzünder in den Schlitz hineindrücken.

SICHERHEITSHINWEIS! Das Schwedenfeuer soll sicher stehen. Stellen Sie es auf einem feuerfesten Untergrund auf. Achten Sie darauf, dass im Umkreis von 2 m um die Fackel herum nichts Brennbares liegt.

Heilige Drei Könige

„Kinder, kommt und ratet“

Bratäpfel
mal süß und mal herzhaft

DER DUFT VON BRATÄPFELN LOCKT NACH EINEM WINTERSPAZIERGANG JEDEN AN DEN TISCH UND WECKT SCHÖNE KINDHEITSERINNERUNGEN.

Zutaten für 8 Bratäpfel

- 50 g Butter
- 8 säuerliche Äpfel (z. B. Boskop, Jonathan)
- 200 g Marzipanrohmasse
- 200 g säuerliches Gelee oder Konfitüre
- 75 g gem. Mandeln oder Haselnüsse
- 2–3 EL Rum oder Sahne
- abgeriebene Schale von ½ Bio-Zitrone

Zeitbedarf

- 15 Minuten + 30 Minuten backen

So geht's

1. Eine feuerfeste Form mit wenig Butter auspinseln. Die Äpfel waschen und abtropfen lassen. Mit einem Apfelausstecher das Kerngehäuse entfernen. Die Seite des Stielansatzes mit einem Stück Marzipanrohmasse verschließen. Die Äpfel mit dem Verschluss nach unten in die vorbereitete Form setzen.
2. Den Backofen auf 180 °C (Umluft 160 °C) vorheizen. In einer Schüssel das Gelee oder die Konfitüre mit den gemahlenen Nüssen, Rum und abgeriebener Zitronenschale gründlich verrühren.
3. Die Äpfel mit der Masse füllen. Obenauf kleine Butterflöckchen setzen. Die gefüllten Äpfel im Backofen 25–30 Minuten garen.

Die Variante

Speckäpfel
Das Kerngehäuse von 8 säuerlichen Äpfeln ausstechen. Die Äpfel in eine feuerfeste Form stellen. 75 g entsteinte Trockenpflaumen fein hacken, mit 50 g geriebenem altem Gouda und 2 EL gemahlenen Mandeln vermischen, mit Pfeffer würzen. Die Füllung in die Äpfel drücken. Jeden Apfel kreuzweise mit 2 dünnen Scheiben Frühstücksspeck belegen. 200 ml Gemüsebrühe angießen und die Äpfel im vorgeheizten Backofen bei 200 °C (Umluft 180 °C) ca. 20 Minuten schmoren.

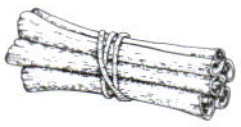

APFELGENUSS Ein heißer Kakao oder auch ein Glas Wein machen den Genuss perfekt. Wer mag, kann zur süßen Variante auch noch eine Vanillesauce oder Vanillesahne servieren.

Register

Erst nach dem
6. Januar öffnen!

26 Überraschungen *auf einen Blick*

Impressum

AKTEURE

Anne Rogge und **Jan Jankovic** sind Diplom-Fotodesigner aus Köln. Gemeinsam führen sie das Fotostudio Rogge & Jankovic Fotografen mit Schwerpunkt Food, Stills & Places. Für ihr Kochbuch „Herbst Winter Gemüse", ebenfalls im Kosmos Verlag erschienen, wurden sie 2008 mit dem Gourmand Cookbook Award ausgezeichnet. Anne Rogge entwickelte für dieses Buch alle Ideen und Rezepte. Jan Jankovic hat schon 2006 mit seiner Diplomarbeit „Der Deutsche Wald" sein Interesse an der Natur in Deutschland fotografisch umgesetzt. Gemeinsam haben sich die beiden die Rezepte und Anleitungen mit winterlichen Naturmaterialien ausgedacht. Die kreativen Verpackungsideen und das Styling stammen ebenfalls aus der Hand dieses vielseitigen Teams.

BILDNACHWEIS

Mit 82 Farbfotos von Martina Dittus/Kosmos (S. 27, 86), Martina Görlach/Kosmos (S. 106) und Shutterstock (Neil Burton S. 4/5, Member S. 8/9, Dmitridesi S. 16/17, YK S. 20/21, Mitija Mithans S. 24/25, Erkki Makkonen S. 30/31, Peter Gudella S. 40/41, Paul Amiszewski S. 44/45, djigis S. 48/49, sirtravelalot S. 52/53, ch123 S. 56/57, Milos Batinic S. 65/65, Risto Puranen S. 72/73, Belezorova Elena S. 76/77, Sergej Toronto S. 80/81, Maren Winter S. 84/85, pitatatu S. 88/89, nadya sergey S. 104/105, Pim Leijen S. 108/109). Alle weiteren Fotos von Rogge & Jankovic Fotografen, Köln.

Illustrationen von Shutterstock (Anastasia Panvilova, bioraven, Bokasana, DiViArt, Epine, Evgenii Doljenkov, filkusto, Kate Macate, Melok, Niagara705, Olli-may, Tueris).

Umschlaggestaltung von Gramisci Editorialdesign, München, unter Verwendung von zwei Aufnahmen von Shutterstock © Jeanette Dietl.

Unser gesamtes lieferbares Programm finden Sie unter **kosmos.de**
Über Neuigkeiten informieren Sie regelmäßig unsere Newsletter, einfach anmelden unter **kosmos.de/newsletter**

Die Rezepte, Anleitungen und Ideen in diesem Buch wurden aus den beiden Kosmos-Büchern „Geschenke aus der Natur" (ISBN 978-3-440-13428-3) und „Winterzauber" (ISBN 978-3-440-14677-4) von Anne Rogge entnommen.

Gedruckt auf chlorfrei gebleichtem Papier

ISBN 978-3-440-16372-6
Projektleitung und Redaktion: Claudia Salata
Gestaltungskonzept: Gramisci Editorialdesign, München
Satz: Walter Typografie & Grafik GmbH, Würzburg
Produktion: Markus Schärtlein
Druck und Bindung: Print Consult GmbH, München
Printed in Slovakia / Imprimé en Slovaquie

FSC www.fsc.org
MIX
Papier aus verantwortungsvollen Quellen
FSC® C084279